Das ist aber ein besonders schönes Osterei!
Zeichne die gepunkteten Linien möglichst genau nach.

Der Osterhase ist in Eile. Das Osterei muss schnell zu dem anderen,
bevor die Ostereiersuche beginnt. Kannst du ihm helfen,
den richtigen Weg zu finden?

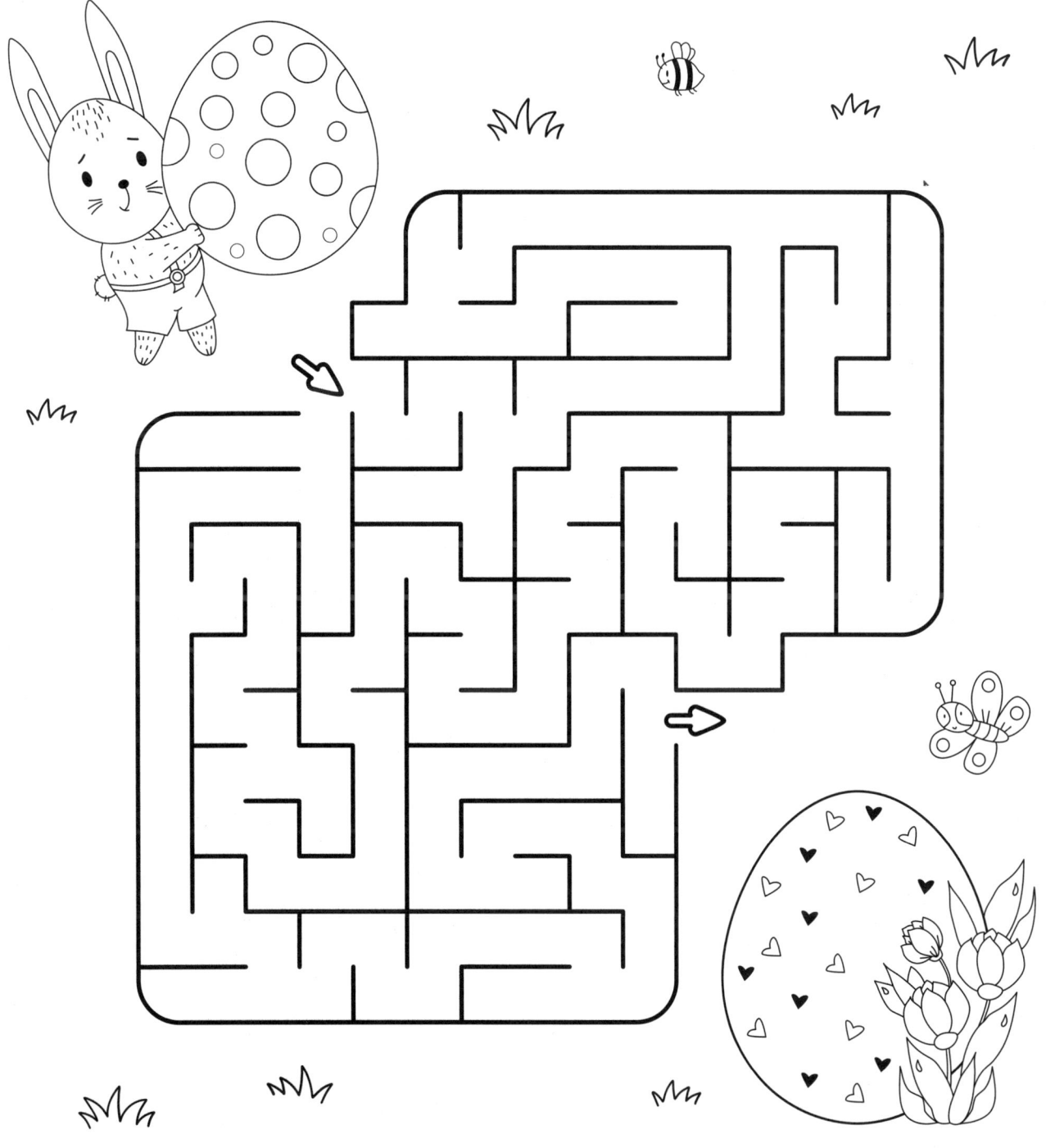

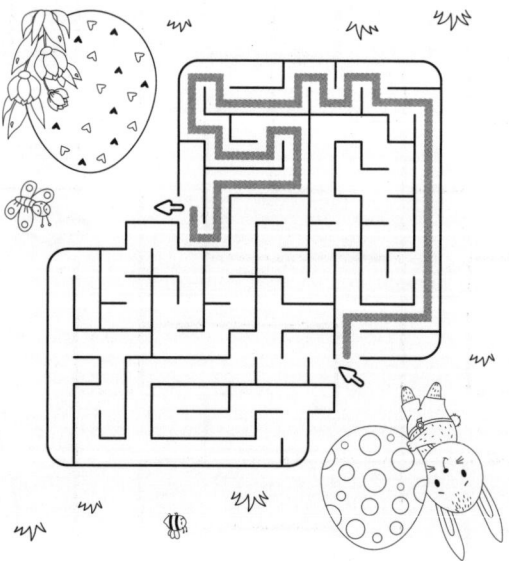

Lösung

Verbinde die Zahlen von 1 bis 10
in der richtigen Reihenfolge.

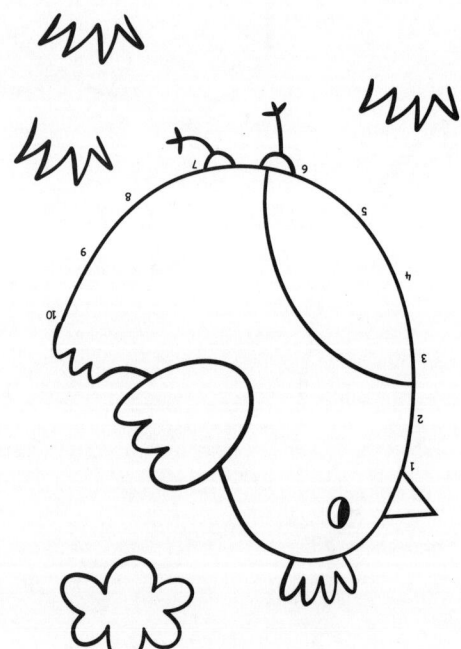

Lösung

Welchen Weg muss der Osterhase gehen,
um an jedem Osterei vorbeizukommen?

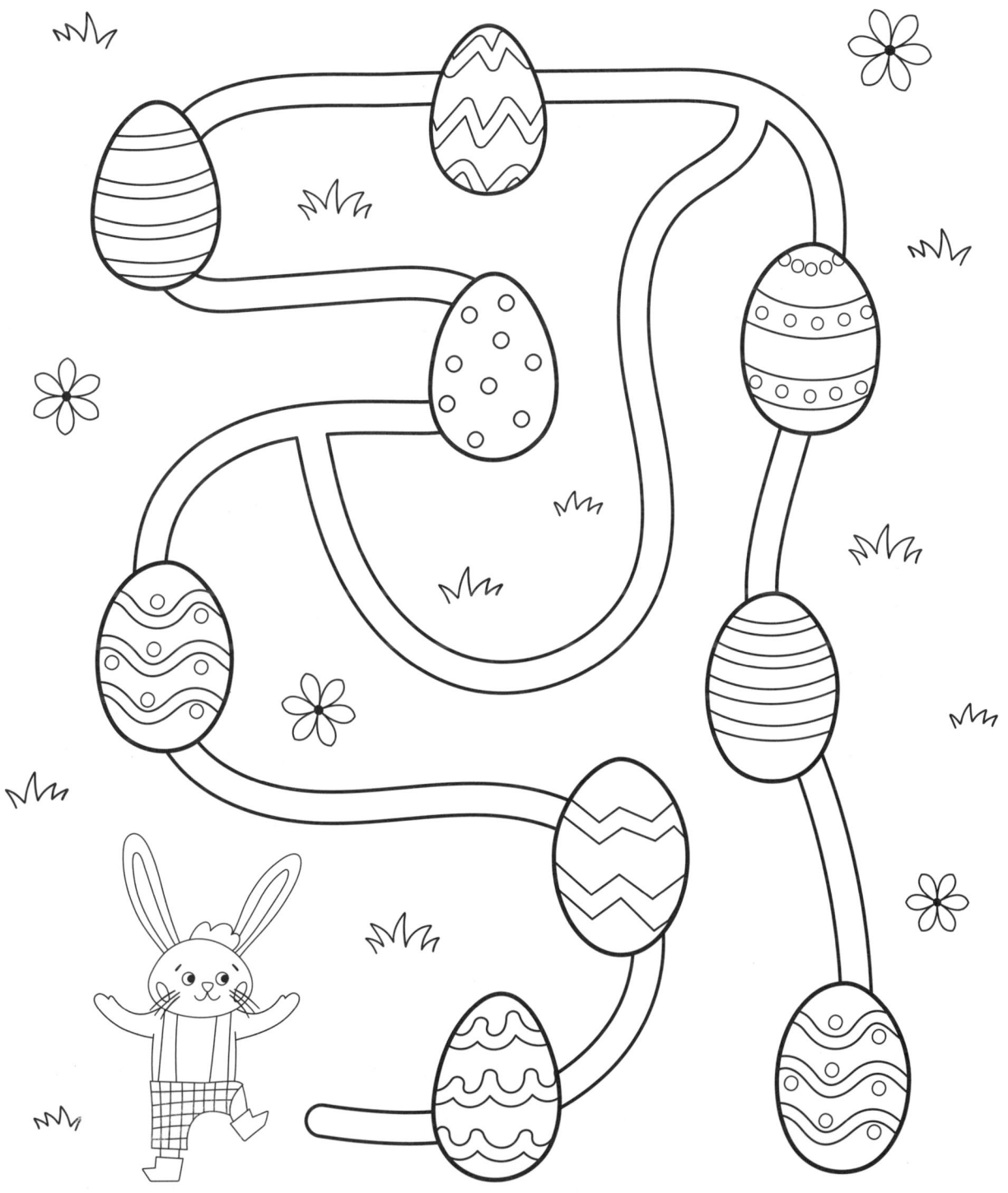

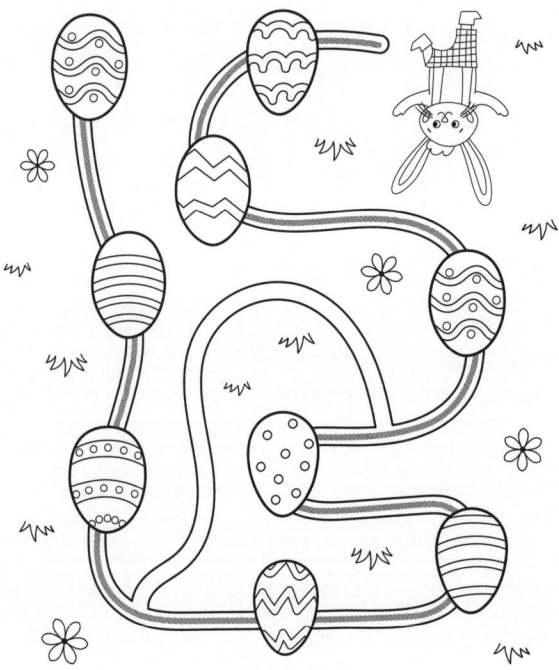

Lösung

Na, wer ist denn hier geschlüpft?
Kannst du die Eierschalen jeweils passend verbinden?

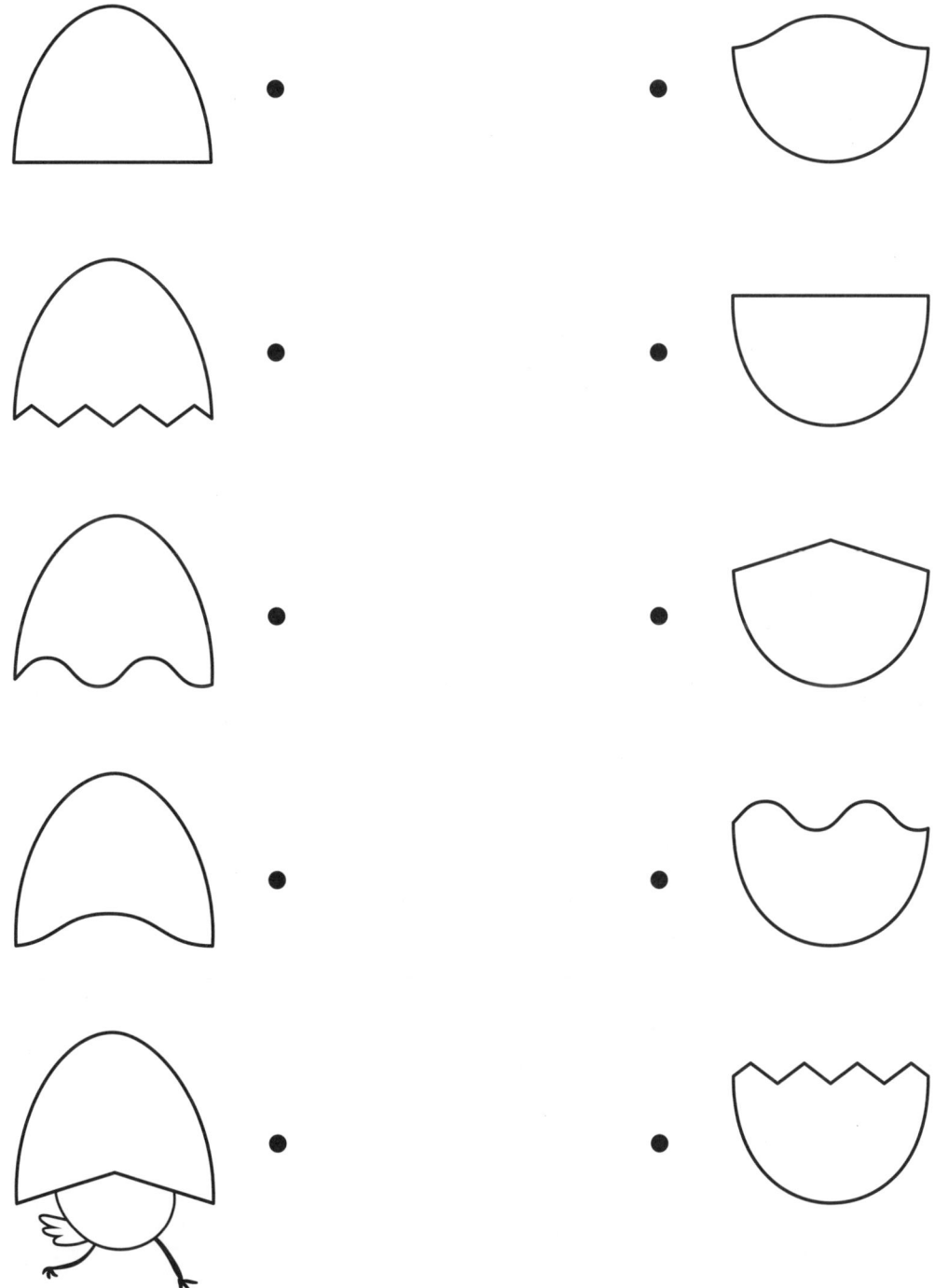

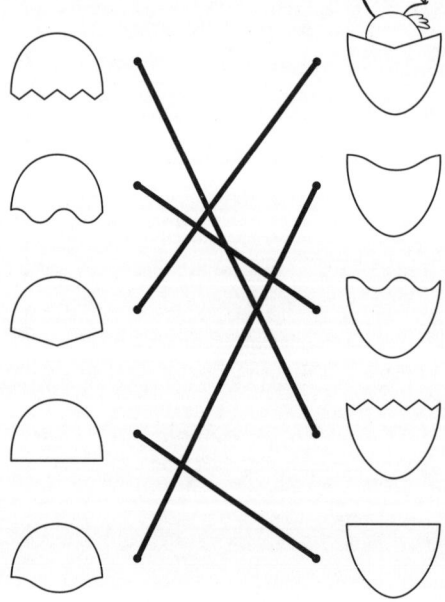

Ein guter Tag, um Eier zu bemalen!
Findest du die 5 Fehler im unteren Bild? Kreise sie ein.

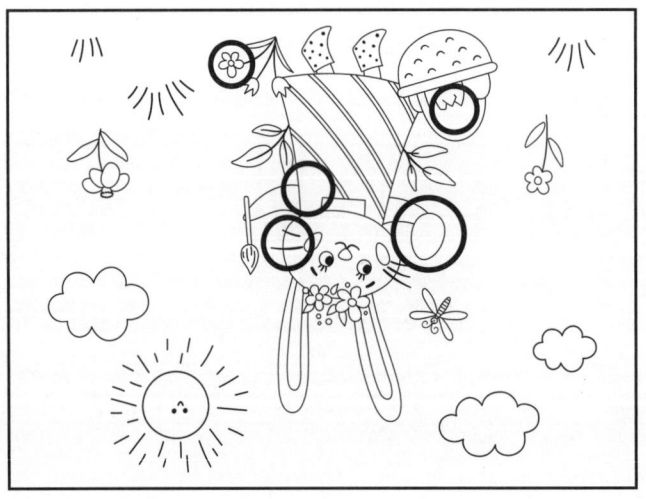

Lösung

Mit dem Frühling kommen die Schmetterlinge in den unterschiedlichsten Farben.
Bestimme für jede Zahl eine Farbe und male das Bild entsprechend aus.

Hui, hier wimmelt es!
Verbinde die Insekten mit dem jeweils
passenden Schatten.

Lösung

Hilf dem Osterhasen dabei, die Ostereier zu bemalen.
Jedes Ei hat eine Vorlage – kannst du die Muster nachzeichnen?

Die Ostereiersuche hat begonnen und die vier Freunde sind schon ganz aufgeregt. Wer findet welches Osterei?

Lösung

Ostern steht vor der Tür und in der kleinen Hasenstadt ist richtig was los.
Kannst du die unten abgebildeten Motive im Bild wiederfinden? Kreise sie ein.
Aber Achtung: Eines der Motive ist nicht im Bild zu finden. Welches?

Lösung

Zeichne die gestrichelten Linien möglichst genau nach
und vervollständige so das Bild vom Osterhasen.

In jedem Ballon passt eines der Bilder nicht zu den anderen.
Kreise das nicht passende Bild jeweils ein.

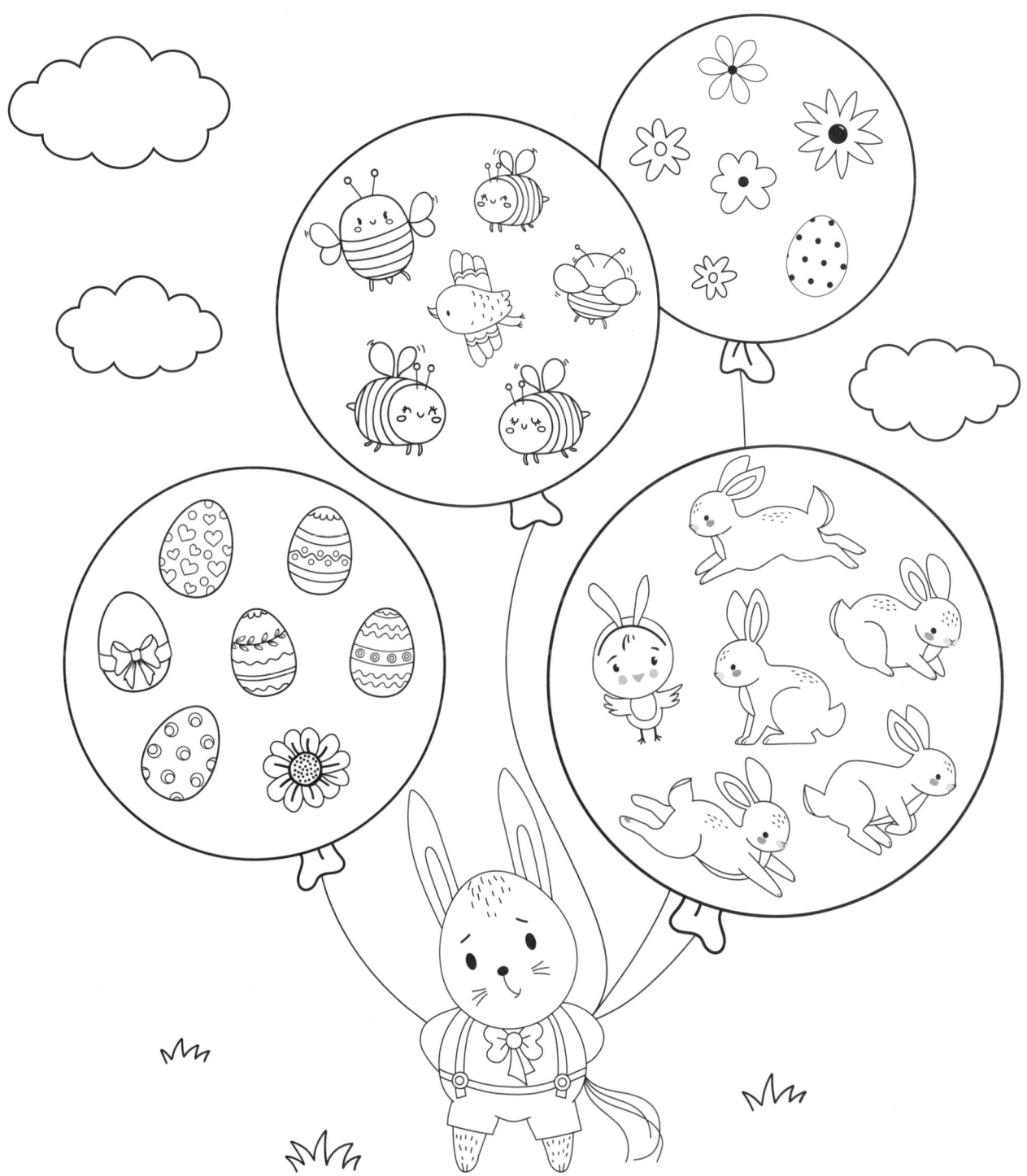

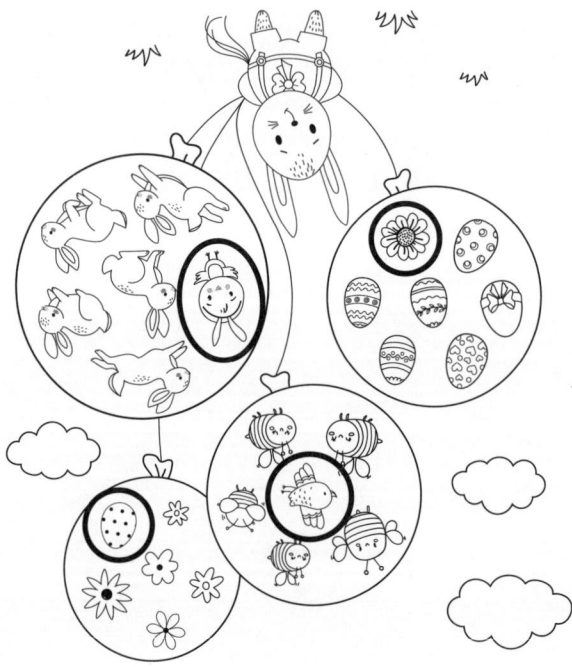

Lösung

Dekorieren macht Spaß!
Findest du die 5 Fehler im unteren Bild? Kreise sie ein.

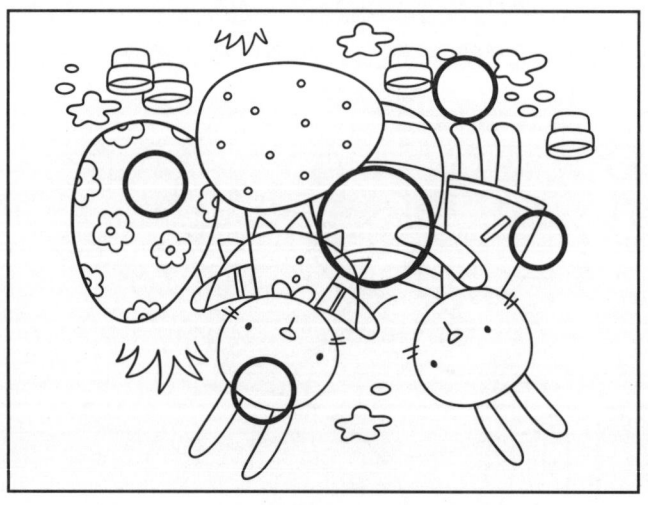

Lösung

Verbinde die Hasen mit dem jeweils passenden Schatten.

Lösung

Die Ostereier wurden in zwei Teile geschnitten.
Kannst du die Eier wieder zusammenfügen?
Verbinde die passenden Bildhälften mit Linien.

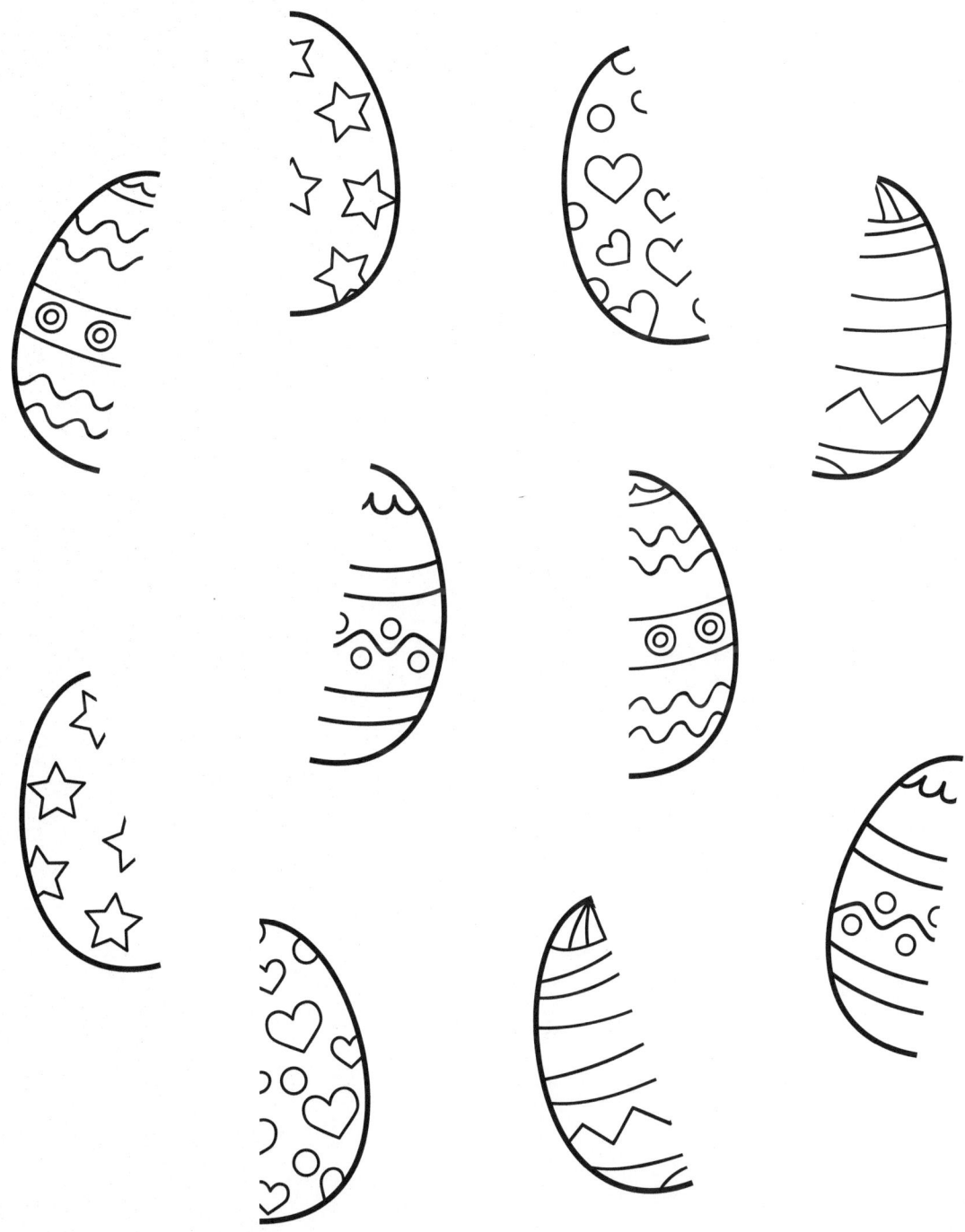

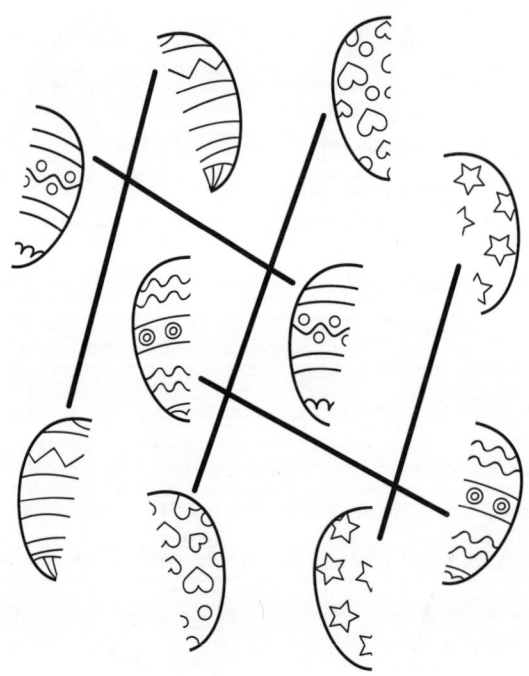

Lösung

Der Osterhase ist so schnell unterwegs, dass er ein paar Ostereier auf seinem Weg verloren hat. Folge den Ostereiern und hilf ihm dabei, sie wieder einzusammeln.

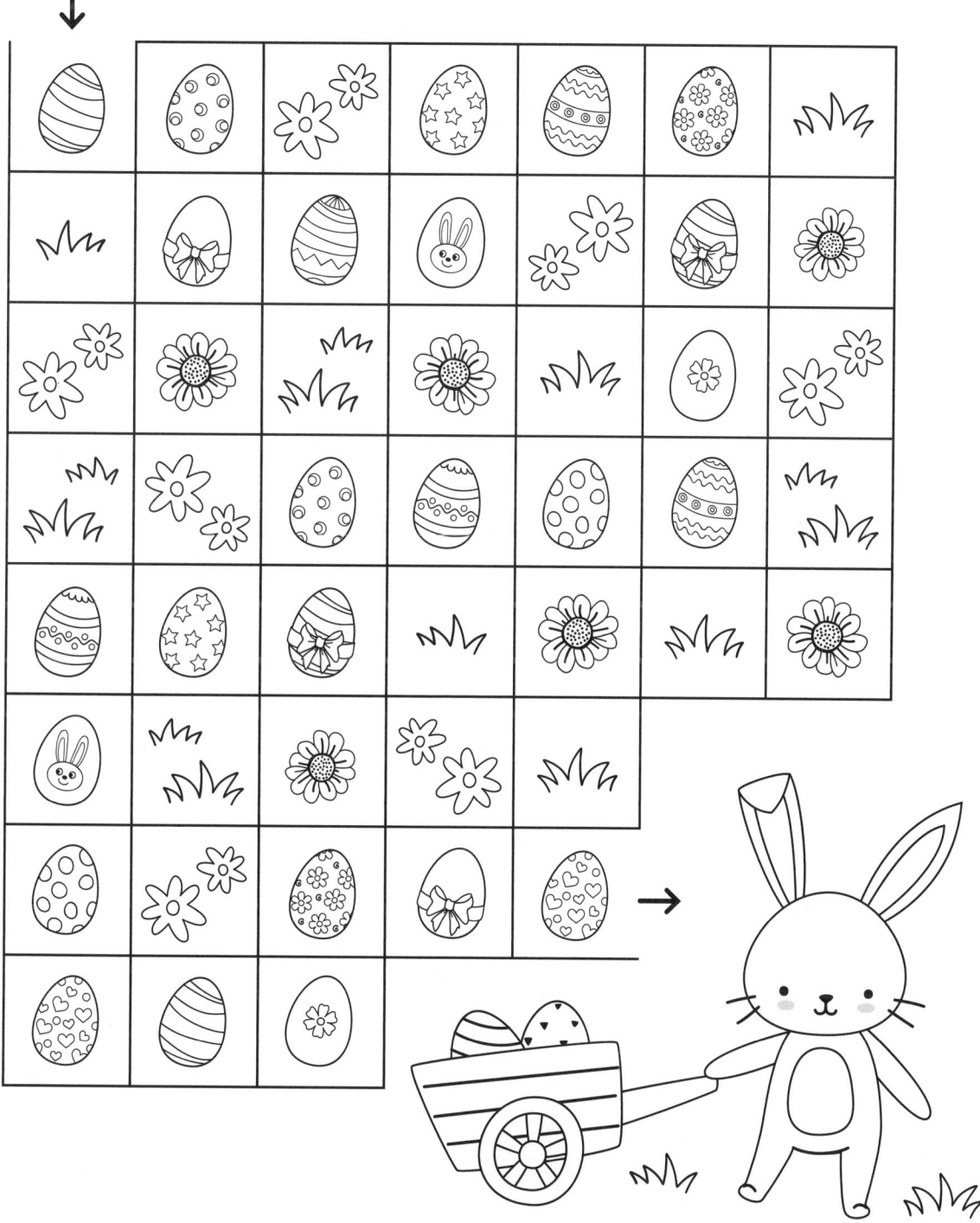

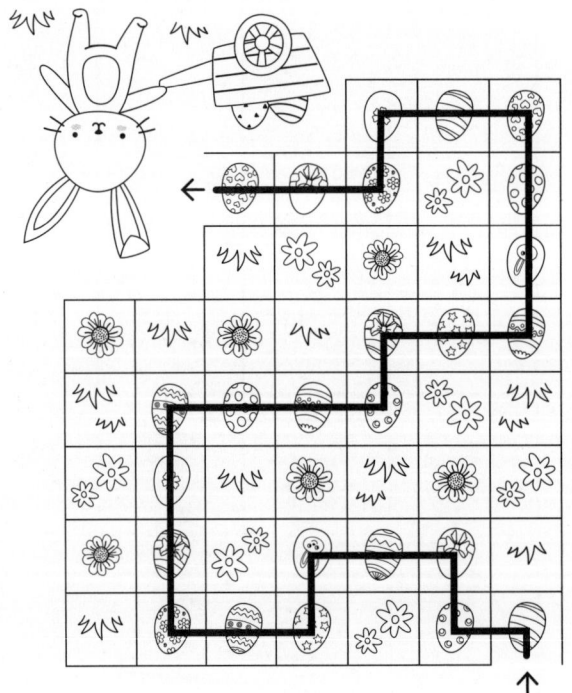

Lösung

Bringe die Bildstreifen von links nach rechts in die richtige Reihenfolge.
Schreibe die Zahlen von 1 bis 4 in die Kreise.

Lösung

Wie viele der unten abgebildeten Motive sind jeweils im Bild zu sehen?
Kreuze die passenden Würfel an.

Findest du alle Schmetterlinge im Bild?
Kreise sie ein.

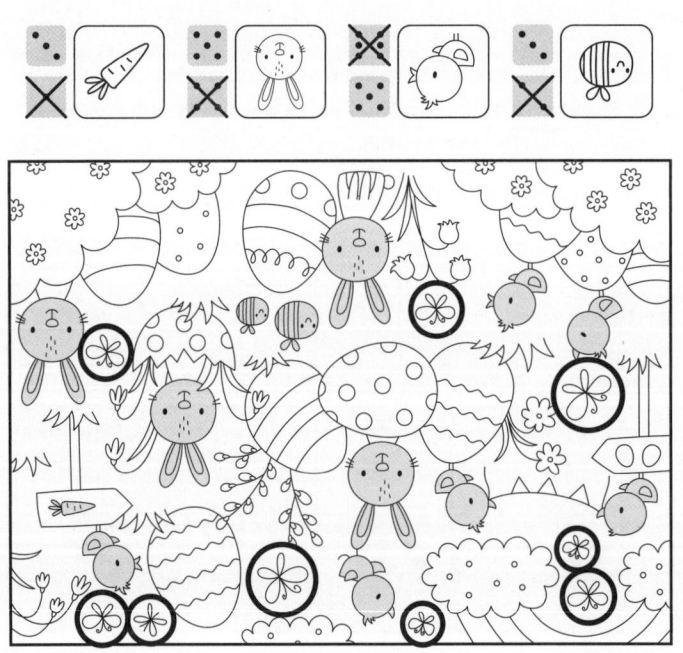

Lösung

Zeichne die gestrichelten Linien möglichst genau nach
und male das Bild anschließend schön bunt aus.

Immer zwei Küken sind genau gleich.
Verbinde sie jeweils mit einer Linie.

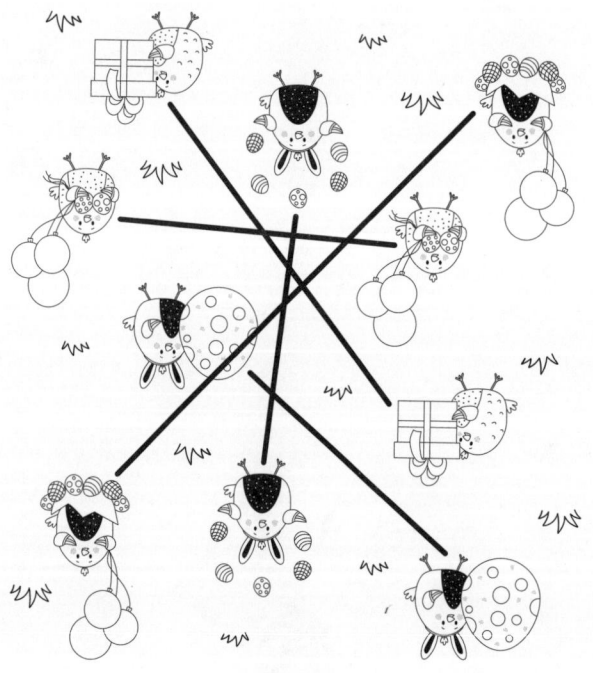

Hilf den Osterhasen dabei, den Weg zum Osternest zu finden.
Zeichne dafür die gepunktete Linie nach und versuche, nicht über
den Rand des Weges zu kommen.

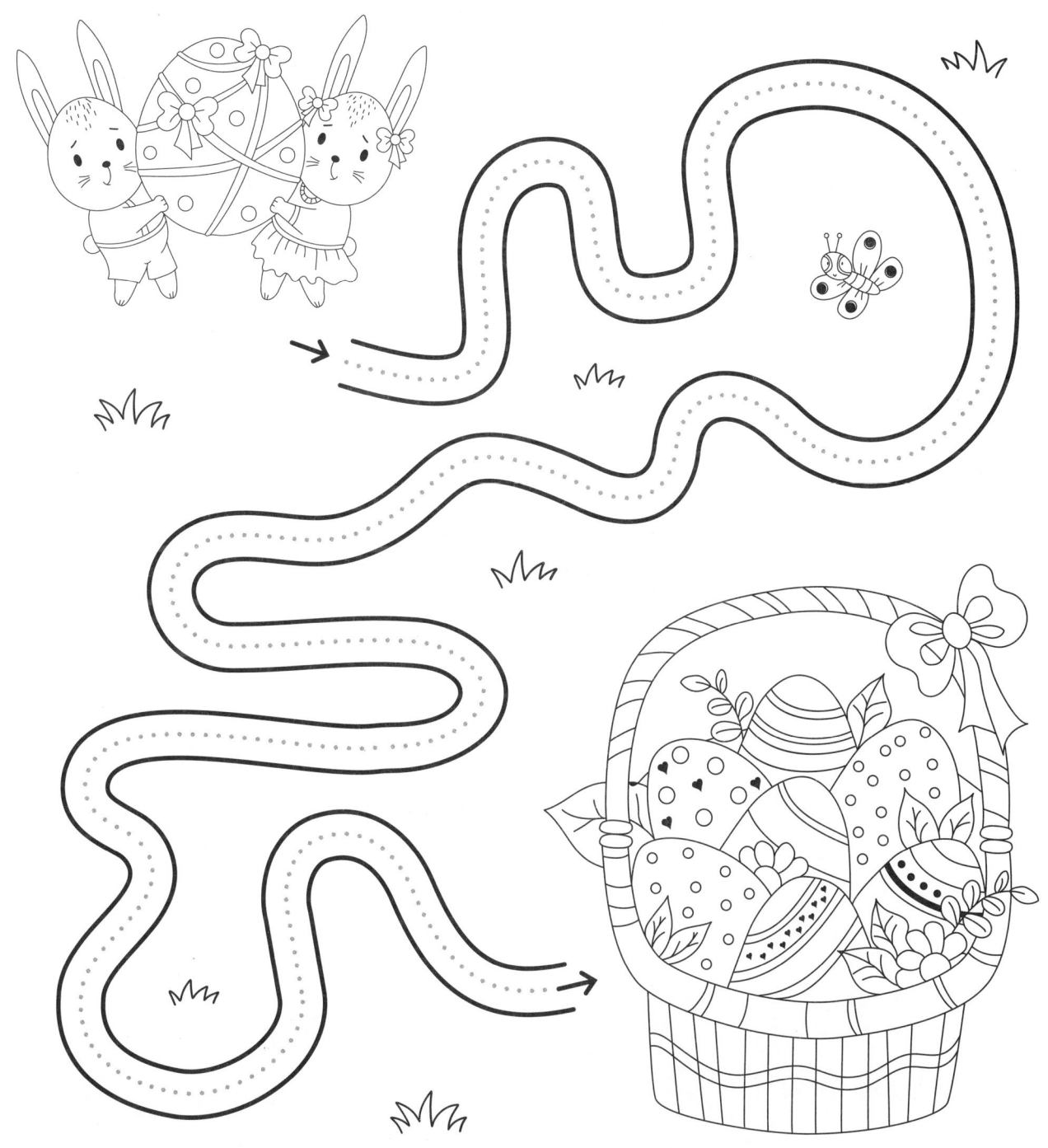

Ein Nachmittag auf der Frühlingswiese!
Findest du die 5 Fehler im unteren Bild? Kreise sie ein.

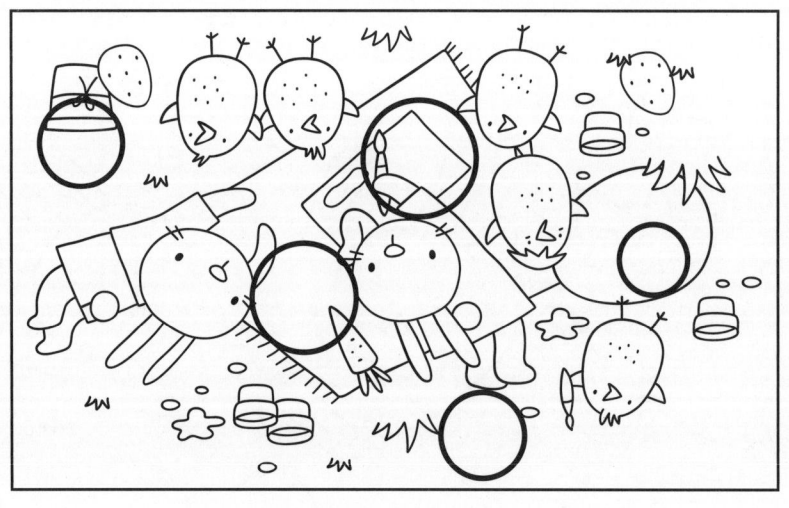

Lösung

Kennst du die richtige Reihenfolge, wie das Küken aus dem Ei geschlüpft ist?
Male die passenden Würfelpunkte in die Kästchen.

Lösung

Jede Biene hat eine Lieblingsblume. Kannst du sie jeweils zuordnen?

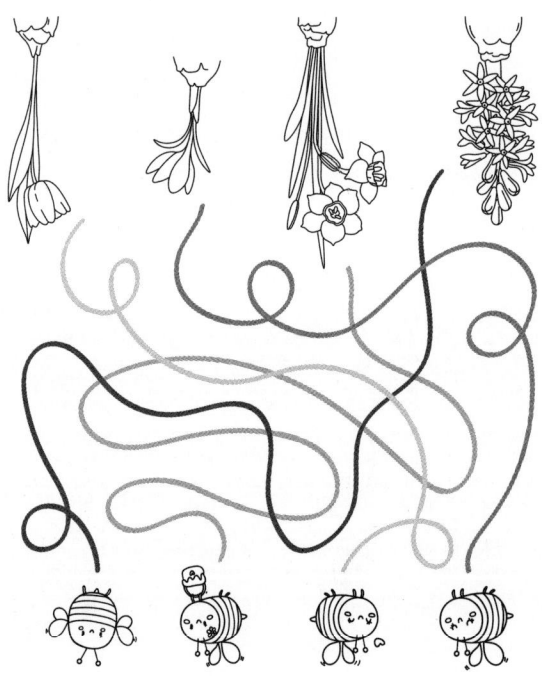

Lösung

Frisch geschlüpft!
Verbinde die Küken mit dem jeweils passenden Schatten.

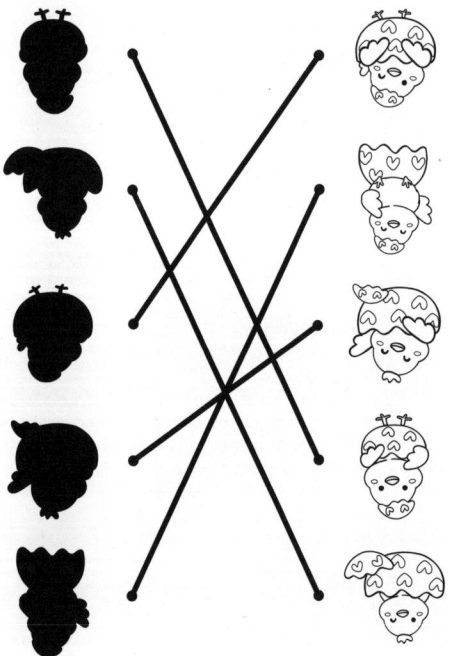

Lösung

Schau dir die Reihenfolge jeweils genau an.
Was kommt als Nächstes?

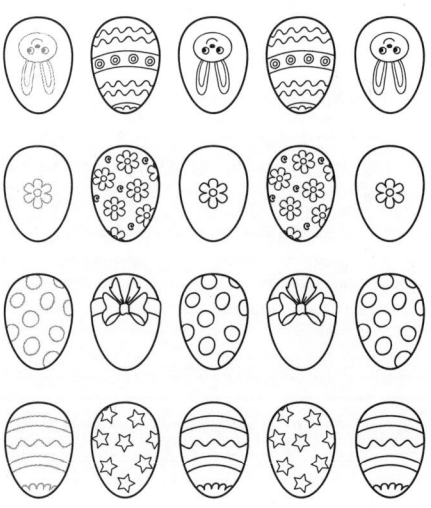

Lösung

Welches Bild gehört in welches Feld?
Achtung: Jedes Bild soll in jeder Reihe und in jeder Spalte
nur einmal vorkommen. Ziehe Linien.

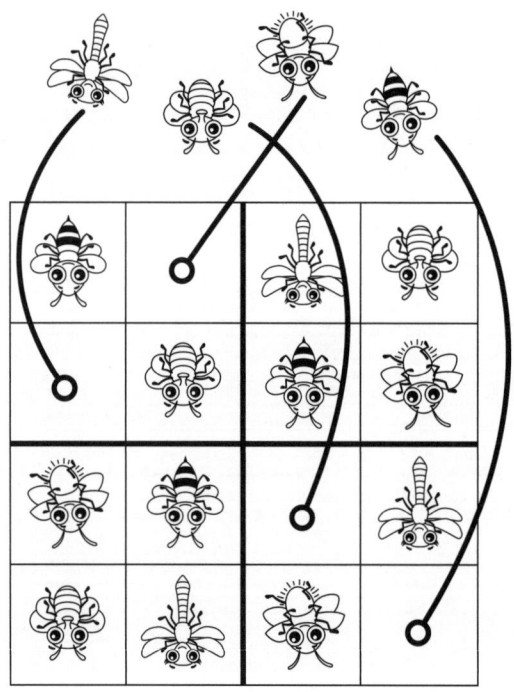

Lösung

Zeichne die gestrichelten Linien möglichst genau nach
und male das Bild anschließend schön bunt aus.

Kannst du die unten abgebildeten Motive im Wimmelbild wiederfinden?
Male sie aus.

Lösung

Welcher Schmetterling kommt nur einmal vor?
Hilf dem Küken beim Suchen und kreise ihn ein.

Lösung

Der Frühling ist da und die ersten Blumen blühen auf.
Bestimme für jede Zahl eine Farbe und male das Bild entsprechend aus.

Das kleine Hasenmädchen ist auf dem Weg
zur Blumenwiese. Folge den Blümchen,
um den richtigen Weg zu finden.

Lösung

Male um alle Tiere, die fliegen können, einen Kreis,
und um alle anderen Tiere ein Viereck.

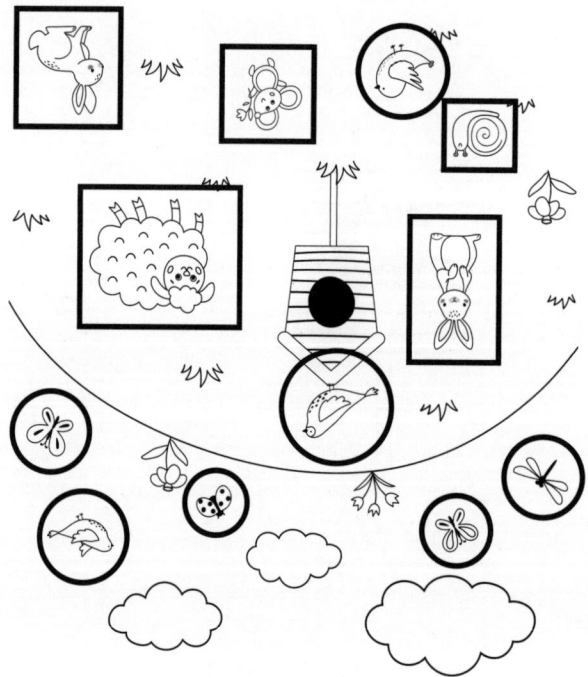

Lösung

In jeder Reihe unterscheidet sich ein Bild von den anderen.
Welches ist es? Kreise es jeweils ein.

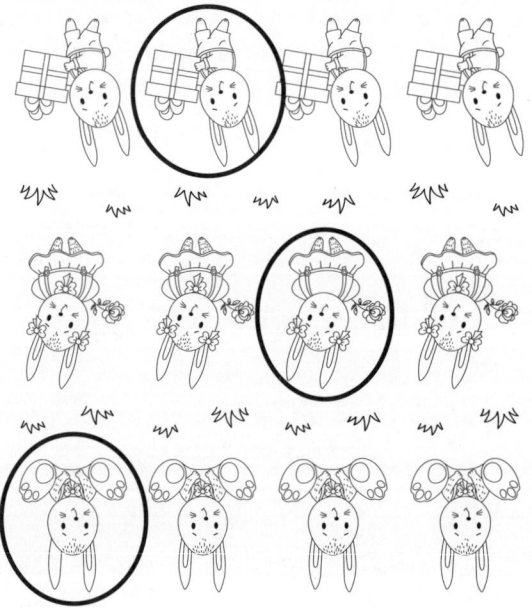

Lösung

Fröhliches Treiben auf der Blumenwiese!
Findest du die 5 Fehler im unteren Bild? Kreise sie ein.

Lösung

Wie viele der unten abgebildeten Motive sind jeweils im Bild zu sehen?
Kreuze die passenden Würfel an.

Lösung

Der Osterhase und seine Freunde spielen Verstecken.
Kannst du helfen, den Osterhasen zu finden?

Lösung

Eines der Osterhaseneier kommt nur einmal vor.
Kannst du es finden? Kreise es ein.

Lösung

Nur einer der vier Schatten passt zu der Häsin in der Mitte.
Kannst du ihn finden? Kreise ihn ein.

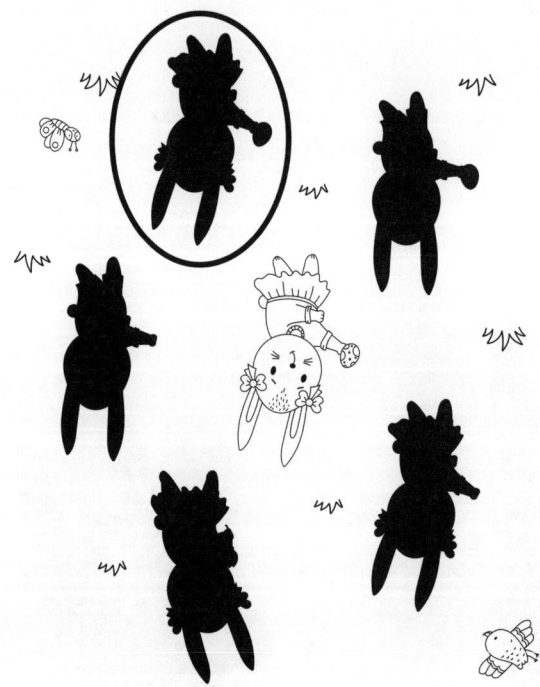

Lösung

Verbinde die Zahlen von 1 bis 10 in der richtigen Reihenfolge.

Lösung

Mit dem großen Geschenk in den Pfoten kann der kleine Hase
den Weg zu seinem Freund nicht sehen. Kannst du ihm helfen,
den richtigen Weg zu finden?

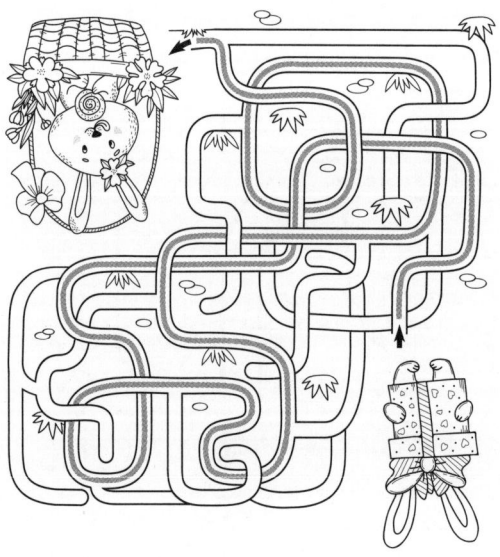

Lösung

Ach, du dickes Ei! Bald ist Ostern und es gibt noch so viel zu tun.
Kannst du dem Osterhasen helfen, die Eier zu bemalen?
Zeichne dafür die gestrichelten Linien möglichst genau nach.

Bringe die Bildstreifen von oben nach unten in die richtige Reihenfolge.
Schreibe die Zahlen von 1 bis 4 in die Kreise.

Lösung

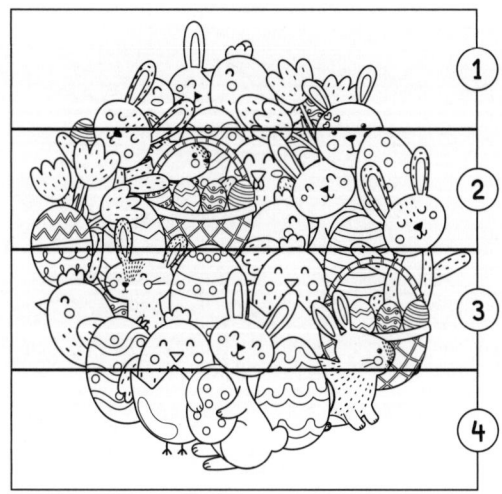

Welches Bild gehört in welches Feld?
Achtung: Jedes Bild soll in jeder Reihe und in jeder Spalte
nur einmal vorkommen. Ziehe Linien.

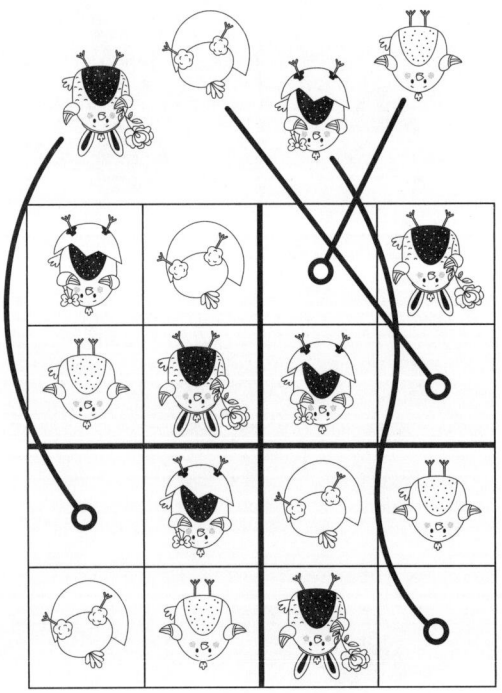

Lösung

Beim großen Hoppel-Wettbewerb sind die Häschen wirklich kreativ.
Zeichne die gepunkteten Linien möglichst genau nach.

Der Osterhase liebt Möhren. Am Ende des Weges schauen ein paar ganz
frische aus dem Boden. Kannst du ihm helfen, den richtigen Weg zu finden?

Lösung

Findest du die unten abgebildeten Ostereier im Bild wieder?
Verbinde mit Linien.

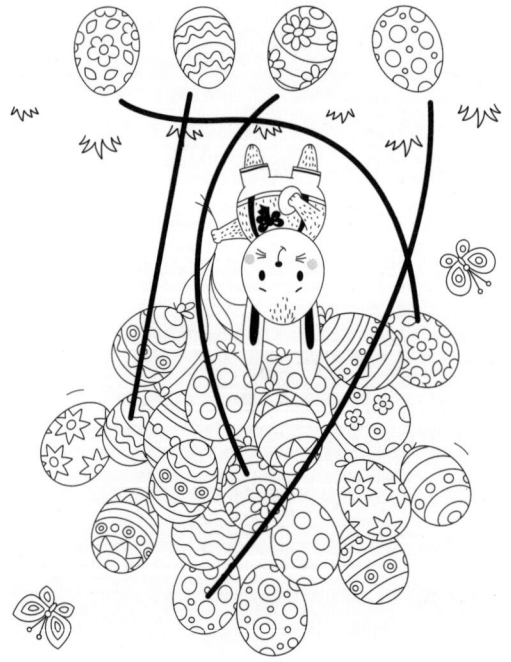

Lösung

Der Osterhase hat alle Eier versteckt.
Kannst du sie zählen und die jeweils passenden Würfelaugen in die Kästchen malen?

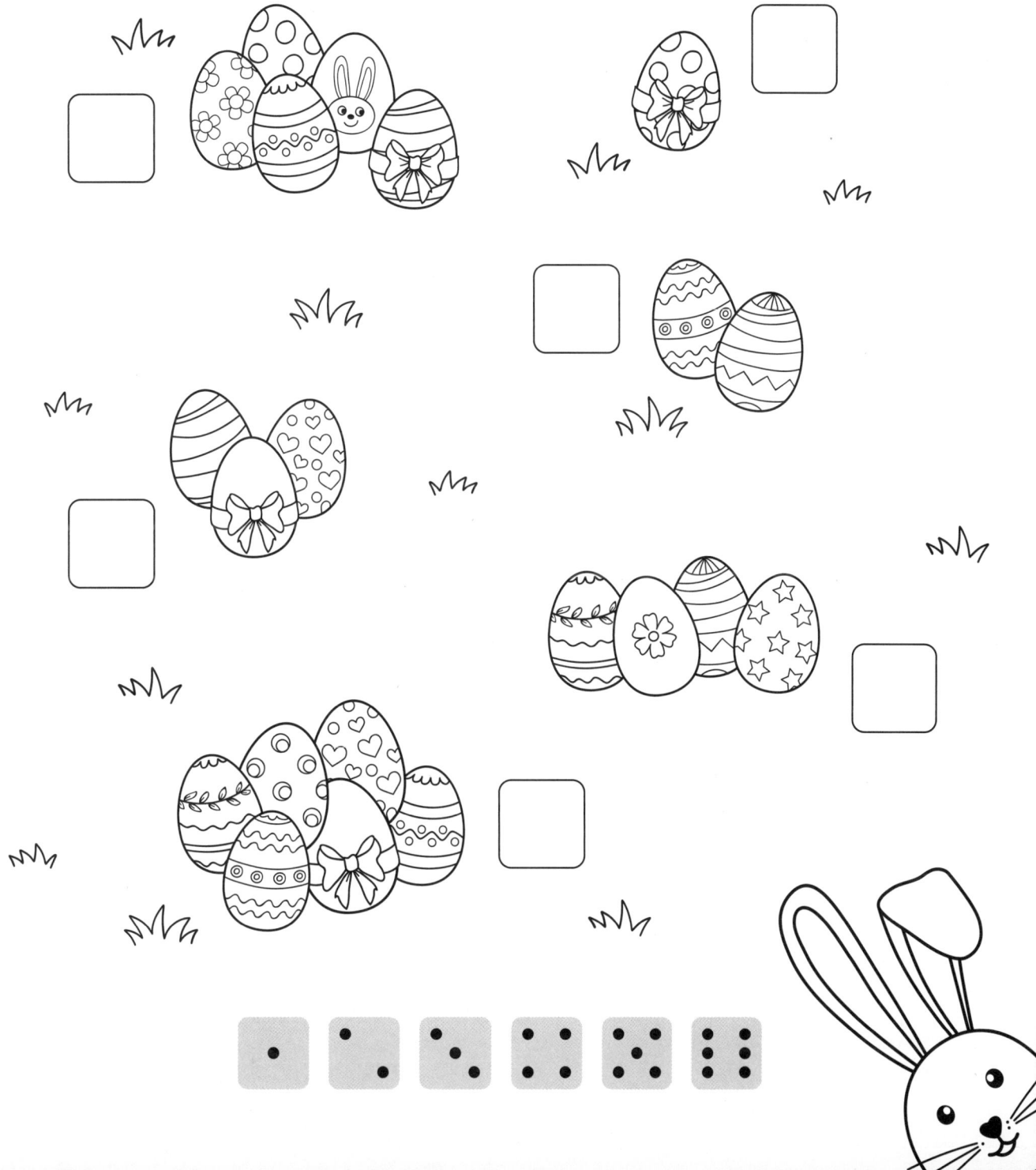

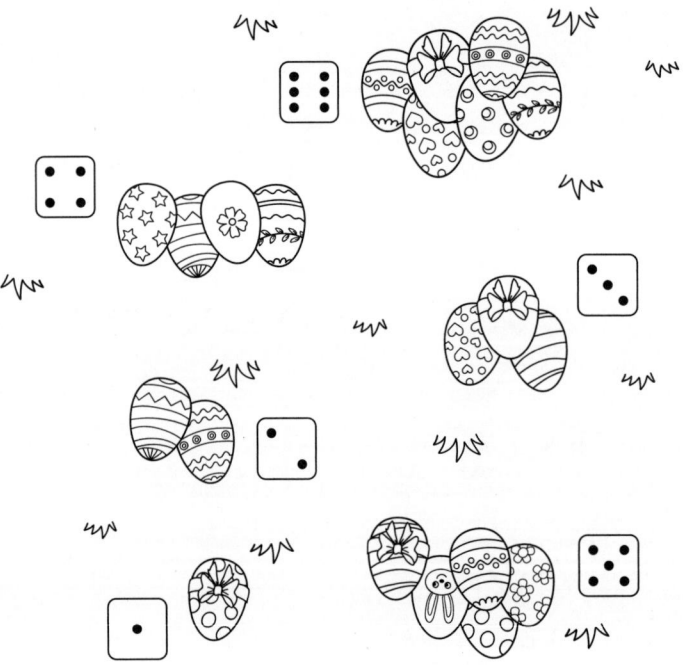

Lösung

Schau dir die Reihenfolge jeweils genau an.
Was kommt als Nächstes?

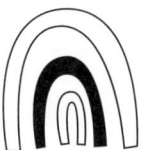 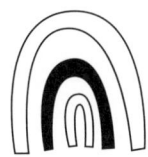   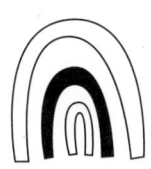 

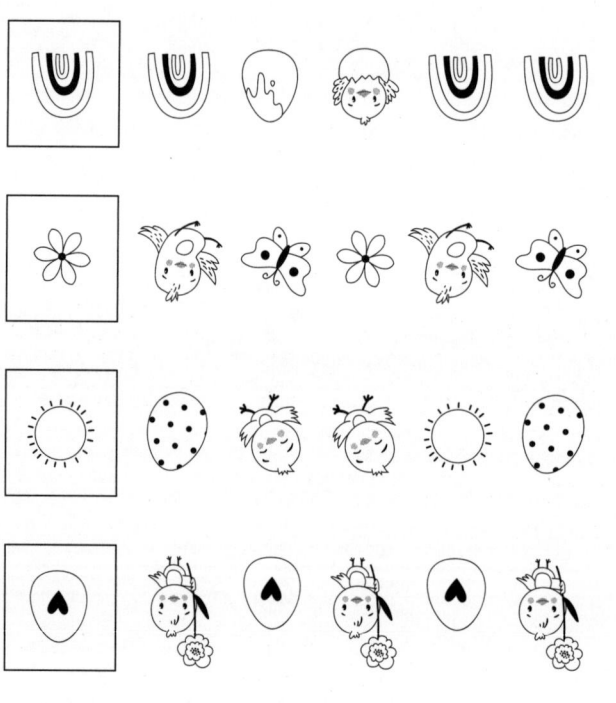

Immer zwei Osterhasen sind genau gleich.
Verbinde sie jeweils mit einer Linie.

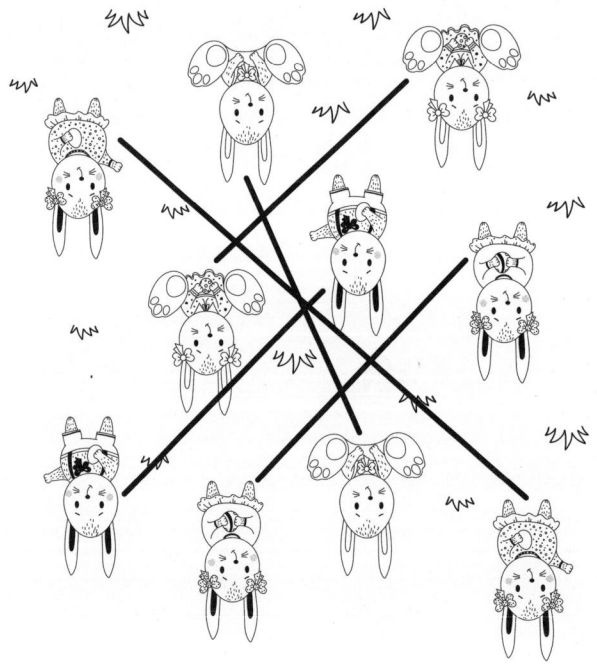

Lösung

Verbinde die Zahlen von 1 bis 10
in der richtigen Reihenfolge.

Lösung

Grüße von der Osterwiese!
Findest du die 5 Fehler im unteren Bild? Kreise sie ein.

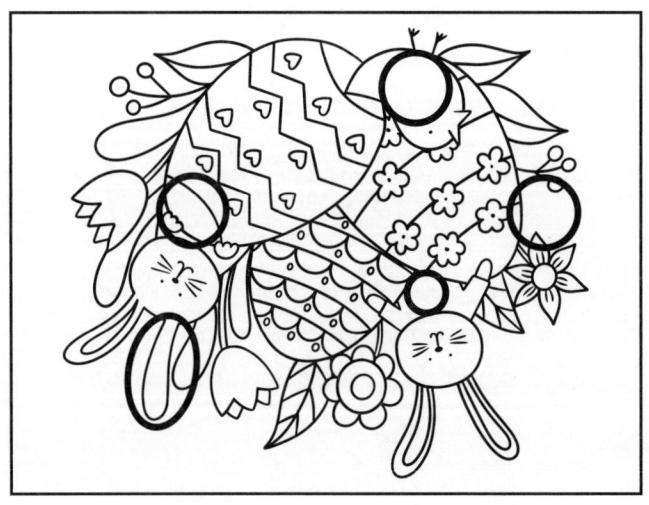

Lösung

Im linken Ei ist ein Motiv mehr vorhanden als im rechten.
Findest du es? Kreise es ein.

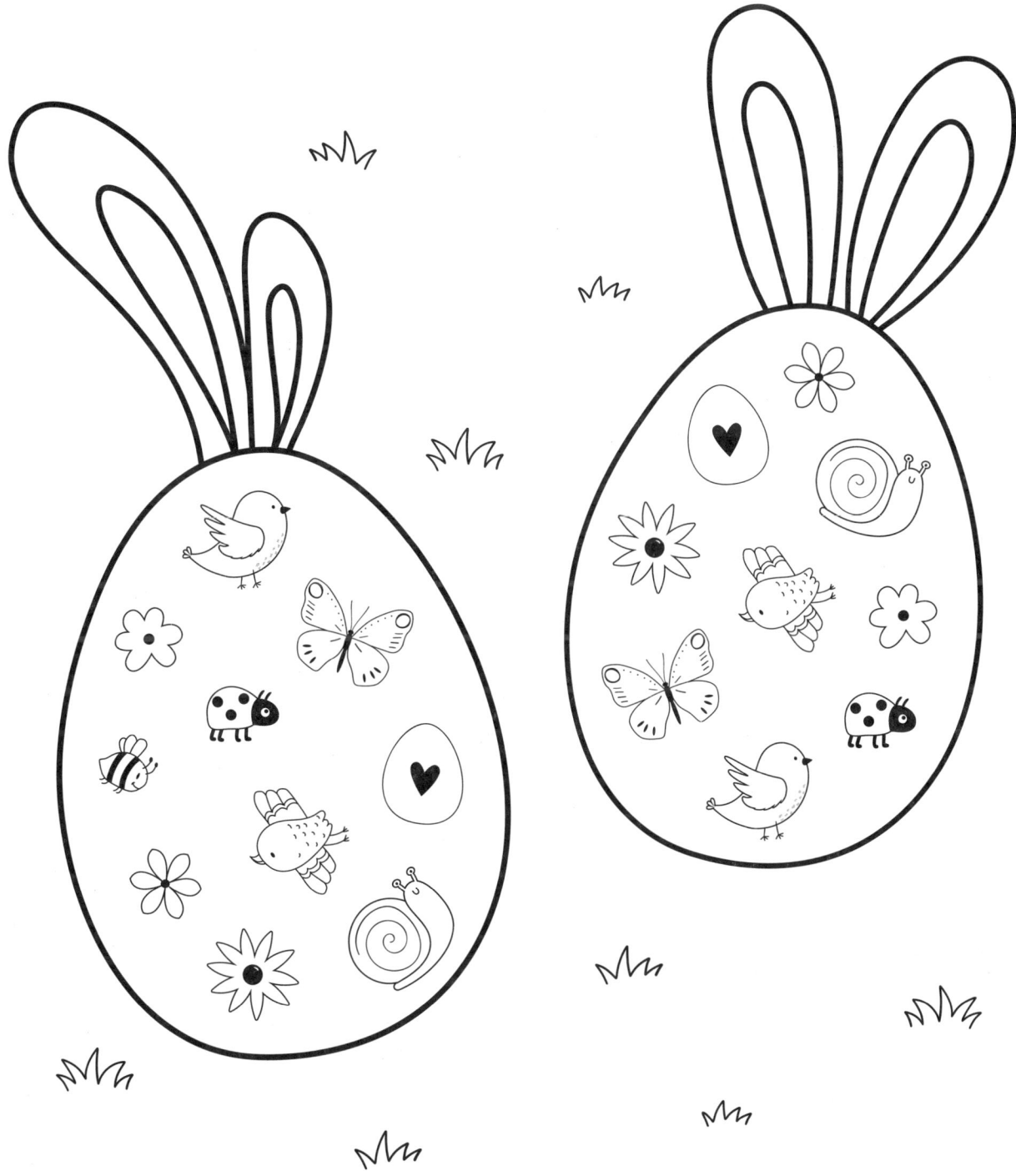

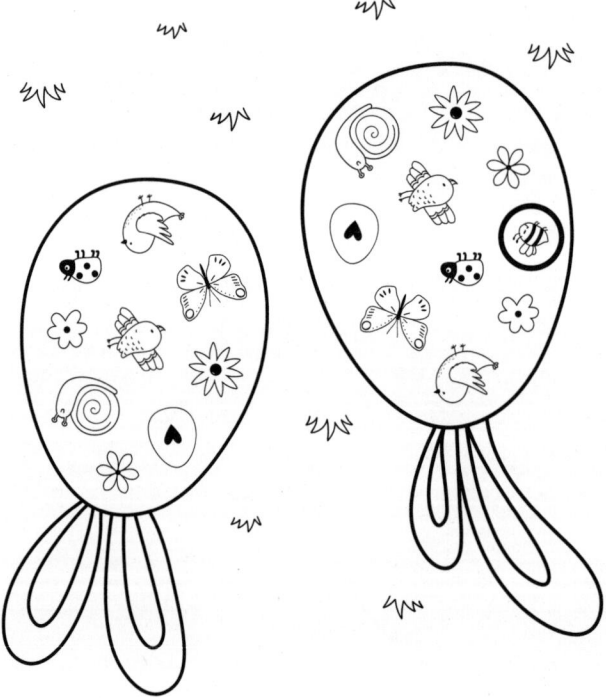

Lösung

So viele Osterhasen! Doch nur zwei sehen genau gleich aus.
Kannst du sie finden? Kreise sie ein.

Lösung

Hier ist beim Verstecken etwas schiefgelaufen.
Male jeweils so viele Eier aus, wie auf dem Schild angegeben.

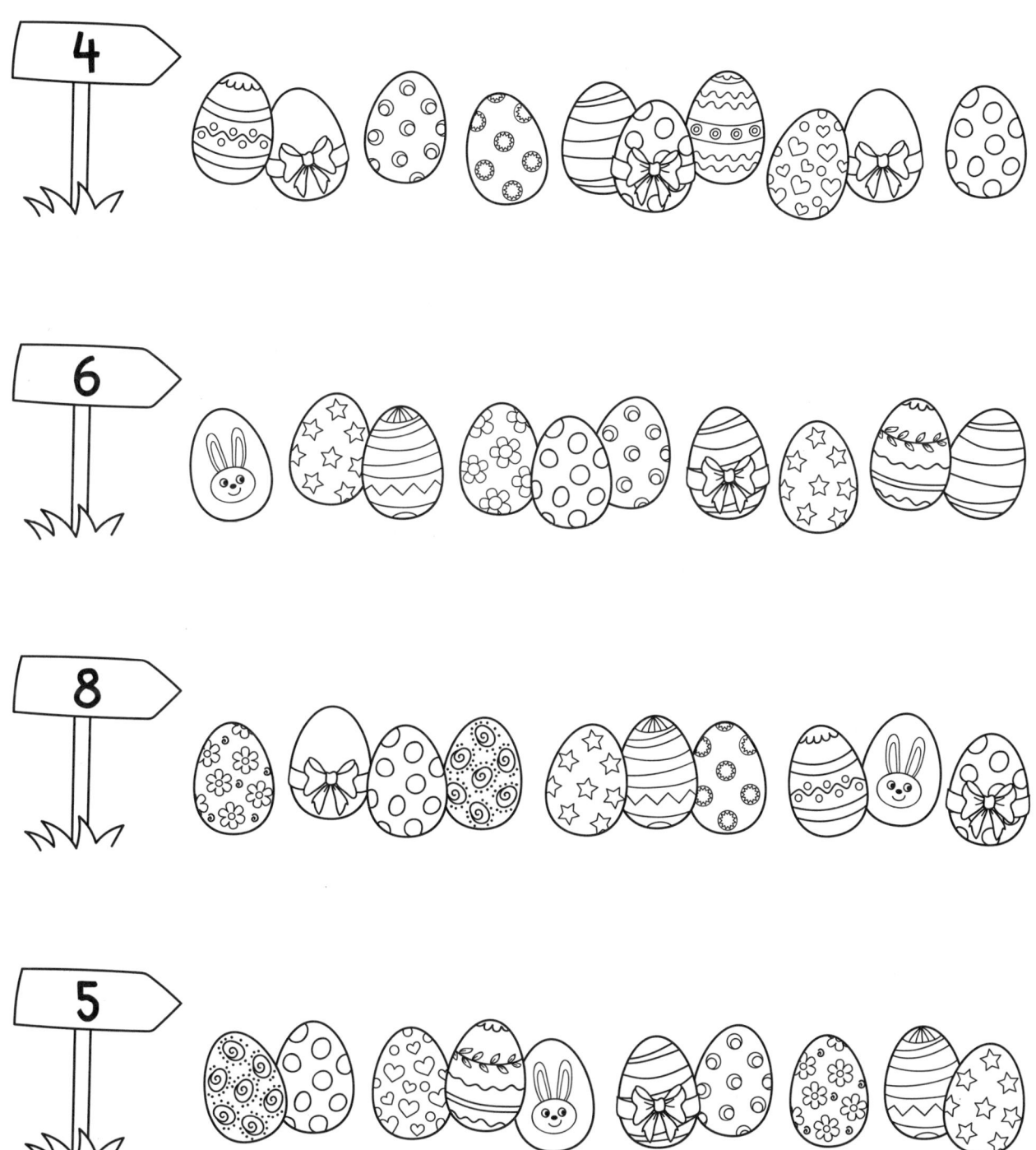

Lösung

4

6

8

5